HERMANN HESSE

Vom Baum des Lebens

Ausgewählte Gedichte

Mit einem Nachwort von
Volker Michels

Insel Verlag

Insel-Bücherei Nr. 1515

Für Ninon

LANDSTREICHERHERBERGE

Wie fremd und wunderlich das ist,
Daß immerfort in jeder Nacht
Der leise Brunnen weiterfließt,
Vom Ahornschatten kühl bewacht,

Und immer wieder wie ein Duft
Der Mondschein auf den Giebeln liegt
Und durch die kühle, dunkle Luft
Die leichte Schar der Wolken fliegt!

Das alles steht und hat Bestand,
Wir aber ruhen eine Nacht
Und gehen weiter über Land,
Wird uns von niemand nachgedacht.

Und dann, vielleicht nach manchem Jahr,
Fällt uns im Traum der Brunnen ein
Und Tor und Giebel, wie es war
Und jetzt noch und noch lang wird sein.

Wie Heimatahnung glänzt es her,
Und war doch nur zu kurzer Rast
Ein fremdes Dach dem fremden Gast,
Er weiß nicht Stadt, nicht Namen mehr.

Wie fremd und wunderlich das ist,
Daß immerfort in jeder Nacht
Der leise Brunnen weiterfließt,
Vom Ahornschatten kühl bewacht!

ÜBER DIE FELDER

Über den Himmel Wolken ziehn,
Über die Felder geht der Wind,
Über die Felder wandert
Meiner Mutter verlorenes Kind.

Über die Straße Blätter wehn,
Über den Bäumen Vögel schrein –
Irgendwo über den Bergen
Muß meine ferne Heimat sein.

RAVENNA

Ich bin auch in Ravenna gewesen.
Ist eine kleine tote Stadt,
Die Kirchen und viel Ruinen hat,
Man kann davon in den Büchern lesen.

Du gehst hindurch und schaust dich um,
Die Straßen sind so trüb und naß
Und sind so tausendjährig stumm,
Und überall wächst Moos und Gras!

Das ist wie alte Lieder sind –
Man hört sie an und keiner lacht,
Und jeder lauscht und jeder sinnt
Hernach daran bis in die Nacht.

CHIOGGIA

Wetterbraune, dichtgedrängte Fassaden,
Marienbilder in verborgenen Nischen,
Wasserspiegel und träge Gondeln dazwischen
Und breite Barken mit braunen Fischern beladen.
Überall aber, auf jeder bröckelnden Mauer,
In allen Gassen, auf Treppen und in Kanälen
Liegt eingeschlummert eine verzweifelte Trauer
Und will von vergangenen Zeiten erzählen.
Leise geh ich und mit verborgenem Schrecken
Über die Fliesen – ängstlich, ich möchte sie wecken.
Wenn sie erwachte! Ich könnte nimmer entrinnen!
Eilend schreit ich vorbei und suche den Hafen,
Suche das Meer und ein reisendes Schiff zu gewinnen.
Hinter mir zögern traurig die Gassen und schlafen.

DIE ZYPRESSEN VON SAN CLEMENTE

Wir biegen flammend schlanke Wipfel im Wind,
Wir schauen Gärten, welche voll Frauen sind
Und voll Spiel und Gelächter. Wir schauen Gärten,
Wo Menschen geboren und wieder begraben werden.

Wir sehen Tempel, welche vor vielen Jahren
Voll von Göttern und voll von Betenden waren.
Aber die Götter sind tot, und die Tempel sind leer,
Und im Grase liegen gebrochene Säulen umher.

Wir sehen Täler und sehen silberne Weiten,
Wo Menschen sich freuen, müde werden und leiden,
Wo Reiter reiten und Priester Gebete sagen,
Wo Geschlechter und Brüder einander zu Grabe tragen.

Aber des Nachts, wenn die großen Stürme kommen,
Werden wir traurig und bücken uns todbeklommen,
Stemmen die Wurzeln angstvoll und warten leise,
Ob der Tod uns erreiche, oder vorüberreise.

ELISABETH

Ich soll erzählen,
Die Nacht ist schon spät –
Willst du mich quälen,
Schöne Elisabeth?

Daran ich dichte
Und du dazu,
Meine Liebesgeschichte
Ist dieser Abend und du.

Du mußt nicht stören,
Die Reime verwehn.
Bald wirst du sie hören,
Hören und nicht verstehn.

ELISABETH

Wie eine weiße Wolke
Am hohen Himmel steht,
So weiß und schön und ferne
Bist du, Elisabeth.

Die Wolke geht und wandert,
Kaum hast du ihrer acht,
Und doch durch deine Träume
Geht sie in dunkler Nacht.

Geht und erglänzt so silbern,
Daß fortan ohne Rast
Du nach der weißen Wolke
Ein süßes Heimweh hast.

SPÄT AUF DER STRASSE

Laternen spiegeln durch die Nacht
Im nassen Straßenpflaster –
In dieser späten Stunde wacht
Nur noch die Not und das Laster.

Ich grüße euch, die ihr wachet!
Euch, die ihr liegt in Not und Leid,
Euch, die ihr lärmet und lachet
Und die ihr alle meine Brüder seid.

JUGENDFLUCHT

Der müde Sommer senkt das Haupt
Und schaut sein falbes Bild im See.
Ich wandle müde und bestaubt
Im Schatten der Allee.

Durch Pappeln geht ein zager Wind.
Der Himmel hinter mir ist rot,
Und vor mir Abendängste sind
– Und Dämmerung – und Tod.

Ich wandle müde und bestaubt,
Und hinter mir bleibt zögernd stehn
Die Jugend, neigt das schöne Haupt
Und will nicht fürder mit mir gehn.

EINSAME NACHT

Die ihr meine Brüder seid,
Arme Menschen nah und ferne,
Die ihr im Bezirk der Sterne
Tröstung träumet eurem Leid,
Die ihr wortelos gefaltet
In die blaßgestirnte Nacht
Schmale Dulderhände haltet,
Die ihr leidet, die ihr wacht,
Arme, irrende Gemeinde,
Schiffer ohne Stern und Glück –
Fremde, dennoch mir vereinte,
Gebt mir meinen Gruß zurück!

JULIKINDER

Wir Kinder im Juli geboren
Lieben den Duft des weißen Jasmin,
Wir wandern an blühenden Gärten hin,
Still und in schwere Träume verloren.

Unser Bruder ist der scharlachene Mohn,
Der brennt in flackernden roten Schauern
Im Ährenfeld und auf den heißen Mauern,
Dann treibt seine Blätter der Wind davon.

Wie eine Julinacht will unser Leben
Traumbeladen seinen Reigen vollenden,
Träumen und heißen Erntefesten ergeben,
Kränze von Ähren und rotem Mohn in den Händen.

DIE STUNDE

Es war noch Zeit; ich konnte gehn,
Und alles wäre ungeschehn,
Und alles wäre rein und klar,
Wie es vor jenem Tage war!

Es mußte sein. Die Stunde kam,
Die kurze, schwüle, und sie nahm
Unwandelbar mit jähem Schritt
Den ganzen Glanz der Jugend mit.

ZUNACHTEN

Laufeuchte Winde schweifen,
Nachtvögel hört man überm Ried
Mit schweren Flügeln streifen
Und fern im Dorf ein Fischerlied.

Aus niegewesenen Zeiten
Sind trübe Sagen angestimmt
Und Klagen um ewige Leiden;
Weh dem, der sie bei Nacht vernimmt!

Laß klagen, Kind, laß rauschen!
Rings ist die Welt von Leide schwer.
Wir wollen den Vögeln lauschen
Und auch dem Lied vom Dorfe her.

IM NEBEL

Seltsam, im Nebel zu wandern!
Einsam ist jeder Busch und Stein,
Kein Baum sieht den andern,
Jeder ist allein.

Voll von Freunden war mir die Welt,
Als noch mein Leben licht war;
Nun, da der Nebel fällt,
Ist keiner mehr sichtbar.

Wahrlich, keiner ist weise,
Der nicht das Dunkel kennt,
Das unentrinnbar und leise
Von allen ihn trennt.

Seltsam, im Nebel zu wandern!
Leben ist Einsamsein.
Kein Mensch kennt den andern,
Jeder ist allein.

MANCHMAL

Manchmal wenn ein Vogel ruft
Oder ein Wind geht in den Zweigen
Oder ein Hund bellt im fernsten Gehöft,
Dann muß ich lange lauschen und schweigen.

Meine Seele flieht zurück,
Bis wo vor tausend vergessenen Jahren
Der Vogel und der wehende Wind
Mir ähnlich und meine Brüder waren.

Meine Seele wird ein Baum
Und ein Tier und ein Wolkenweben.
Verwandelt und fremd kehrt sie zurück
Und fragt mich. Wie soll ich Antwort geben?

VERWÖLKTE NACHT

Mein Liebling du, verwölkte Nacht,
Mit deinen sturmgepackten
Wipfeln, wie lodert so jäh die Pracht
Des Todes in deinen eiligen Takten!

Du Lied der Qual, du Lied des Leids,
Der Schauer und Todesgedanken,
Ich kenne wohl deiner heimwehkranken
Nachtweisen heimlich wilden Reiz!

Wie einst in meiner Knabenzeit
Füllst du mit dunklem Leid mein Herz.
Es ist der alte wohlbekannte Schmerz
Von damals, ist das alte Leid,
Nur trauriger und ohne Süßigkeit.

GLÜCK

Solang du nach dem Glücke jagst,
Bist du nicht reif zum Glücklichsein,
Und wäre alles Liebste dein.

Solang du um Verlornes klagst
Und Ziele hast und rastlos bist,
Weißt du noch nicht, was Friede ist.

Erst wenn du jedem Wunsch entsagst,
Nicht Ziel mehr noch Begehren kennst,
Das Glück nicht mehr mit Namen nennst,

Dann reicht dir des Geschehens Flut
Nicht mehr ans Herz, und deine Seele ruht.

SPRUCH

So mußt du allen Dingen
Bruder und Schwester sein,
Daß sie dich ganz durchdringen,
Daß du nicht scheidest Mein und Dein.

Kein Stern, kein Laub soll fallen –
Du mußt mit ihm vergehn!
So wirst du auch mit allen
Allstündlich auferstehn.

DAS ZIEL

Immer bin ich ohne Ziel gegangen,
Wollte nie zu einer Rast gelangen,
Meine Wege schienen ohne Ende.

Endlich sah ich, daß ich nur im Kreise
Wanderte, und wurde müd der Reise.
Jener Tag war meines Lebens Wende.

Zögernd geh ich nun dem Ziel entgegen,
Denn ich weiß: auf allen meinen Wegen
Steht der Tod und bietet mir die Hände.

NACHT

Ich habe meine Kerze ausgelöscht;
Zum offnen Fenster strömt die Nacht herein,
Umarmt mich sanft und läßt mich ihren Freund
Und ihren Bruder sein.

Wir beide sind am selben Heimweh krank;
Wir senden ahnungsvolle Träume aus
Und reden flüsternd von der alten Zeit
In unsres Vaters Haus.

WINDIGER TAG IM JUNI

Der See starrt wie Glas,
Am steilen Hügelhang
Weht silbern das dünne Gras.

Jammernd und todesbang
Schreit ein Kiebitz in der Luft,
Taumelt in zuckenden Bogen.

Vom anderen Ufer herübergeflogen
Kommt Sensengeläut und sehnlicher
Wiesenduft.

SOMMERNACHT

Tropfen sinken, die Luft ist bang.
Noch geht kein Wind.
Ein Trunkener singt die Straße entlang,
Sein Lied ist irr und schwach wie ein Kind.

Nun schweigt er ganz:
Der Himmel zerreißt,
Und grell im blauweißen Glanz
Der Blitze die Straße gleißt.

Wie Getrabe von weißen Rossen
Rauscht Regen heran.
Alles Licht erlosch, alle Form zerrann,
Stürzende Wogen halten mich eingeschlossen.

ALLEIN

Es führen über die Erde
Straßen und Wege viel,
Aber alle haben
Das selbe Ziel.

Du kannst reiten und fahren
Zu zwein und zu drein,
Den letzten Schritt mußt du
Gehen allein.

Drum ist kein Wissen
Noch Können so gut,
Als daß man alles Schwere
Alleine tut.

AUF WANDERUNG

(Dem Andenken Knulps)

Sei nicht traurig, bald ist es Nacht,
Da sehn wir über dem bleichen Land
Den kühlen Mond, wie er heimlich lacht,
Und ruhen Hand in Hand.

Sei nicht traurig, bald kommt die Zeit,
Da haben wir Ruh. Unsre Kreuzlein stehen
Am hellen Straßenrande zu zweit,
Und es regnet und schneit,
Und die Winde kommen und gehen.

SCHICKSAL

Wir sind in Zorn und Unverstand,
Wie Kinder tun, geschieden
Und haben uns gemieden,
Von blöder Scham gebannt.

Die Jahre gingen drüber her
Mit Reuen und mit Warten,
In unsern Jugendgarten
Führt keine Straße mehr.

MITTAG IM SEPTEMBER

Es hält der blaue Tag
Für eine Stunde auf der Höhe Rast.
Sein Licht hält jedes Ding umfaßt,
Wie mans in Träumen sehen mag:
Daß schattenlos die Welt,
In Blau und Gold gewiegt,
In lauter Duft und reifem Frieden liegt.

– Wenn auf dies Bild ein Schatten fällt! –

Kaum hast du es gedacht,
So ist die goldene Stunde
Aus ihrem leichten Traum erwacht,
Und bleicher wird, indes sie stiller lacht,
Und kühler wird die Sonne in der Runde.

DIE ERSTEN BLUMEN

Neben dem Bach
Den roten Weiden nach
Haben in diesen Tagen
Gelbe Blumen viel
Ihre Goldaugen aufgeschlagen.
Und mir, der längst aus der Unschuld fiel,
Rührt sich Erinnerung im Grunde
An meines Lebens goldene Morgenstunde
Und sieht mich hell aus Blumenaugen an.

Ich wollte Blumen brechen gehn;
Nun laß ich sie alle stehn
Und gehe heim, ein alter Mann.

JUGENDGARTEN

Meine Jugend war ein Gartenland,
Silberbrunnen sprangen in den Matten,
Alter Bäume märchenblaue Schatten
Kühlten meiner frechen Träume Brand.

Dürstend geh ich nun auf heißen Wegen,
Und verschlossen liegt mein Jugendland,
Rosen nicken übern Mauerrand
Spöttisch meiner Wanderschaft entgegen.

Und indes mir fern und ferner singt
Meines kühlen Gartens Wipfelrauschen,
Muß ich inniger und tiefer lauschen,
Wie es schöner noch als damals klingt.

DER KÜNSTLER

Was ich schuf in heißer Jahre Glut,
Steht am lauten Markt zur Schau gestellt.
Leicht vorüber geht die frohe Welt,
Lacht und lobt und findet alles gut.

Keiner weiß, daß dieser frohe Kranz,
Den die Welt mir lachend drückt ins Haar,
Meines Lebens Kraft verschlang und Glanz,
Ach, und daß das Opfer unnütz war.

NACHTS AUF HOHER SEE

(Malaiischer Archipel)

Nachts, wenn das Meer mich wiegt
Und bleicher Sternenglanz
Auf seinen weiten Wellen liegt,
Dann löse ich mich ganz
Von allem Tun und aller Liebe los
Und stehe still und atme bloß
Allein, allein vom Meer gewiegt,
Das still und kalt mit tausend Lichtern liegt.

Dann muß ich meiner Freunde denken
Und meinen Blick in ihre Blicke senken
Und frage jeden still allein:
›Bist du noch mein?
Ist dir mein Leid ein Leid, mein Tod ein Tod?
Fühlst du von meiner Liebe, meiner Not
Nur einen Hauch, nur einen Widerhall?‹

Und ruhig blickt und schweigt das Meer
Und lächelt: Nein.
Und nirgendwo kommt Gruß und Antwort her.

BEIM WIEDERLESEN DES MALER NOLTEN

Bescheiden klopf ich wieder an dein Tor
Und tret in den geliebten Garten ein,
Da atm' ich meiner Jugend Lieblingsflor
Aufs neue mit geschärften Sinnen ein.

Herüber duftet aus der Jugendzeit
Begeisterung entrückter Lesestunden,
Doch hab ich nie so tief wie jetzt im Leid
Geliebter Dichtung innigen Wert empfunden.

Aus kühlen Grotten ruft mir Blütenglut
Und süße Leidenschaft ihr Lied ins Herz,
Und heilig wird, was sonst so wehe tut;
Die Dichtung winkt, und lächeln lernt der Schmerz.

DER BLÜTENZWEIG

Immer hin und wider
Strebt der Blütenzweig im Winde,
Immer auf und nieder
Strebt mein Herz gleich einem Kinde
Zwischen hellen, dunkeln Tagen,
Zwischen Wollen und Entsagen.

Bis die Blüten sind verweht
Und der Zweig in Früchten steht,
Bis das Herz, der Kindheit satt,
Seine Ruhe hat
Und bekennt: voll Lust und nicht vergebens
War das unruhvolle Spiel des Lebens.

BEIDES GILT MIR EINERLEI

Alle meine Jugendzeit
Bin ich Lüsten nachgegangen,
Um danach voll Düsterkeit
Leid und Schmerzen nachzuhangen.

Schmerz und Lüste sind mir nun
Ganz verschwistert und durchdrungen;
Ob sie wohl, ob wehe tun,
Beides ist in eins verschlungen.

Ob mich Gott durch Höllenschrei,
Ob durch Sonnenhimmel führe,
Beides gilt mir einerlei,
Wenn ich seine Hand nur spüre.

FRÜHLINGSTAG

Wind im Gesträuch und Vogelpfiff
Und hoch im höchsten süßen Blau
Ein stilles stolzes Wolkenschiff …
Ich träume von einer blonden Frau,
Ich träume von meiner Jugendzeit,
Der hohe Himmel blau und weit
Ist meiner Sehnsucht Wiege,
Darin ich stillgesinnt
Und selig warm
Mit leisem Summen liege,
So wie in seiner Mutter Arm
Ein Kind.

IN EINER SAMMLUNG ÄGYPTISCHER BILDWERKE

Aus den Edelsteinaugen
Blicket ihr still und ewig
Über uns späte Brüder hinweg.
Nicht Liebe scheint noch Verlangen
Euren schimmernd glatten Zügen bekannt.
Königlich und den Gestirnen verschwistert
Seid ihr Unbegreiflichen einst
Zwischen Tempeln geschritten,
Heiligkeit weht wie ein ferner Götterduft
Heut noch um eure Stirnen,
Würde um eure Knie;
Eure Schönheit atmet gelassen,
Ihre Heimat ist Ewigkeit.
Aber wir, eure jüngeren Brüder,
Taumeln gottlos ein irres Leben entlang,
Allen Qualen der Leidenschaft,
Jeder brennenden Sehnsucht
Steht unsre zitternde Seele gierig geöffnet.
Unser Ziel ist der Tod,
Unser Glaube Vergänglichkeit,
Keiner Zeitenferne
Trotzt unser flehendes Bildnis.
Dennoch tragen auch wir
Heimlicher Seelenverwandtschaft Merkmal

In die Seele gebrannt,
Ahnen Götter und fühlen vor euch,
Schweigende Bilder der Vorzeit,
Furchtlose Liebe. Denn sehet,
Uns ist kein Wesen verhaßt, auch der Tod nicht,
Leiden und Sterben
Schreckt unsre Seele nicht,
Weil wir tiefer zu lieben gelernt!
Unser Herz ist des Vogels,
Ist des Meeres und Walds, und wir nennen
Sklaven und Elende Brüder,
Nennen mit Liebesnamen noch Tier und Stein.
So auch werden die Bildnisse
Unsres vergänglichen Seins
Nicht im harten Steine uns überdauern;
Lächelnd werden sie schwinden
Und im flüchtigen Sonnenstaub
Jeder Stunde zu neuen Freuden und Qualen
Ungeduldig und ewig auferstehn.

GUTE STUNDE

Erdbeeren glühn im Garten,
Ihr Duft ist süß und voll,
Mir ist, ich müsse warten,
Daß durch den grünen Garten
Bald meine Mutter kommen soll.
Mir ist, ich bin ein Knabe,
Und alles war geträumt,
Was ich vertan, versäumt,
Verspielt, verloren habe.
Noch liegt im Gartenfrieden
Die reiche Welt vor mir,
Ist alles mir beschieden,
Gehöret alles mir.
Benommen bleib ich stehen
Und wage keinen Schritt,
Daß nicht die Düfte verwehen
Und meine gute Stunde mit.

DIE KINDHEIT

Du bist mein fernes Tal,
Verzaubert und versunken.
Oft hast du mir in Not und Qual
Empor aus deinem Schattenland gewunken
Und deine Märchenaugen aufgetan,
Daß ich entzückt in kurzem Wahn
Mich ganz zu dir zurück verlor.

O dunkles Tor,
O dunkle Todesstunde,
Komm du heran, daß ich gesunde
Und daß aus dieses Lebens Leere
Ich heim zu meinen Träumen kehre!

FRIEDE

(Oktober 1914)

Jeder hats gehabt,
Keiner hats geschätzt,
Jeden hat der süße Quell gelabt,
O wie klingt der Name Friede jetzt!

Klingt so fern und zag,
Klingt so tränenschwer,
Keiner weiß und kennt den Tag,
Jeder sehnt ihn voll Verlangen her.

Sei willkommen einst,
Erste Friedensnacht,
Milder Stern, wenn endlich du erscheinst
Überm Feuerdampf der letzten Schlacht.

Dir entgegen blickt
Jede Nacht mein Traum,
Ungeduldig rege Hoffnung pflückt
Ahnend schon die goldne Frucht vom Baum.

Sei willkommen einst,
Wenn aus Blut und Not
Du am Erdenhimmel uns erscheinst,
Einer andern Zukunft Morgenrot!

NACHTGEFÜHL

Tief mit blauer Nachtgewalt,
Die mein Herz erhellt,
Bricht aus jähem Wolkenspalt
Mond und Sternenwelt.

Seele flammt aus ihrer Gruft
Lodernd aufgeschürt,
Da im bleichen Sternenduft
Nacht die Harfe rührt.

Sorge flieht und Not wird klein,
Seit der Ruf geschah.
Mag ich morgen nimmer sein,
Heute bin ich da!

ABENDS

Abends gehn die Liebespaare
Langsam durch das Feld,
Frauen lösen ihre Haare,
Händler zählen Geld,
Bürger lesen bang das Neuste
In dem Abendblatt,
Kinder ballen kleine Fäuste,
Schlafen tief und satt.
Jeder tut das einzig Wahre,
Folgt erhabner Pflicht,
Säugling, Bürger, Liebespaare –
Und ich selber nicht?

Doch! Auch meiner Abendtaten,
Deren Sklav' ich bin,
Kann der Weltgeist nicht entraten,
Sie auch haben Sinn.
Und so geh ich auf und nieder,
Tanze innerlich,
Summe dumme Gassenlieder,
Lobe Gott und mich,
Trinke Wein und phantasiere,
Daß ich Pascha wär,
Fühle Sorgen an der Niere,

Lächle, trinke mehr,
Sage ja zu meinem Herzen
(Morgens geht es nicht),
Spinne aus vergangnen Schmerzen
Spielend ein Gedicht,
Sehe Mond und Sterne kreisen,
Ahne ihren Sinn,
Fühle mich mit ihnen reisen
Einerlei wohin.

DER WANDERER AN DEN TOD

Auch zu mir kommst du einmal,
Du vergißt mich nicht,
Und zu Ende ist die Qual,
Und die Kette bricht.

Noch erscheinst du fremd und fern,
Lieber Bruder Tod,
Stehest als ein kühler Stern
Über meiner Not.

Aber einmal wirst du nah
Und voll Flammen sein.
Komm, Geliebter, ich bin da,
Nimm mich, ich bin dein!

VERGÄNGLICHKEIT

Vom Baum des Lebens fällt
Mir Blatt um Blatt.
O taumelbunte Welt,
Wie machst du satt,
Wie machst du satt und müd,
Wie machst du trunken!
Was heut noch glüht,
Ist bald versunken.
Bald klirrt der Wind
Über mein braunes Grab,
Über das kleine Kind
Beugt sich die Mutter herab.
Ihre Augen will ich wiedersehn,
Ihr Blick ist mein Stern,
Alles andre mag gehn und verwehn,
Alles stirbt, alles stirbt gern.
Nur die ewige Mutter bleibt,
Von der wir kamen,
Ihr spielender Finger schreibt
In die flüchtige Luft unsre Namen.

BEKENNTNIS

Holder Schein, an deine Spiele
Sieh mich willig hingegeben;
Andre haben Zwecke, Ziele,
Mir genügt es schon, zu leben!

Gleichnis will mir alles scheinen,
Was mir je die Sinne rührte,
Des Unendlichen und Einen,
Das ich stets lebendig spürte.

Solche Bilderschrift zu lesen
Wird mir stets das Leben lohnen,
Denn das Ewige, das Wesen,
Weiß ich in mir selber wohnen.

WEG NACH INNEN

Wer den Weg nach innen fand,
Wer in glühndem Sichversenken
Je der Weisheit Kern geahnt,
Daß sein Sinn sich Gott und Welt
Nur als Bild und Gleichnis wähle:
Ihm wird jedes Tun und Denken
Zwiegespräch mit seiner eignen Seele,
Welche Welt und Gott enthält.

AN DIE FREUNDE IN SCHWERER ZEIT

Auch in diesen dunklern Stunden,
Liebe Freunde, laßt mich gelten;
Ob ichs hell, ob trüb gefunden,
Nie will ich das Leben schelten.

Sonnenschein und Ungewitter
Sind des selben Himmels Mienen;
Schicksal soll, ob süß ob bitter,
Mir als liebe Speise dienen.

Seele geht verschlungene Pfade,
Lernet ihre Sprache lesen!
Morgen preist sie schon als Gnade,
Was ihr heute Qual gewesen.

Sterben können nur die Rohen;
Andre will die Gottheit lehren,
Aus dem Niedern, aus dem Hohen
Seelenhaften Sinn zu nähren.

Erst auf jenen letzten Stufen
Dürfen wir uns Ruhe gönnen,
Wo wir, väterlich gerufen,
Schon den Himmel schauen können.

BLUME, BAUM, VOGEL

Bist allein im Leeren,
Glühst einsam, Herz,
Grüßt dich am Abgrund
Dunkle Blume Schmerz.

Reckt seine Äste
Der hohe Baum Leid,
Singt in den Zweigen
Vogel Ewigkeit.

Blume Schmerz ist schweigsam,
Findet kein Wort,
Der Baum wächst bis in die Wolken,
Und der Vogel singt immerfort.

DIE WELT UNSER TRAUM

Nachts im Traum die Städt' und Leute,
Ungeheuer, Luftgebäude,
Alle, weißt du, alle steigen
Aus der Seele dunklem Raum,
Sind dein Bild und Werk, dein eigen,
Sind dein Traum.

Geh bei Tag durch Stadt und Gassen,
Schau in Wolken, in Gesichter,
Und du wirst verwundert fassen:
Sie sind dein, du bist ihr Dichter!
Alles, was vor deinen Sinnen
Hundertfältig lebt und gaukelt,
Ist ja dein, ist in dir innen,
Traum, den deine Seele schaukelt.

Durch dich selber ewig schreitend,
Bald beschränkend dich, bald weitend,
Bist du Redender und Hörer,
Bist du Schöpfer und Zerstörer.
Zauberkräfte, lang vergeßne,
Spinnen heiligen Betrug,
Und die Welt, die unermeßne,
Lebt von deinem Atemzug.

ANGST IN DER NACHT

Die Uhr spricht ängstlich mit dem Spinnweb
an der Wand,
Am Laden reißt der Wind,
Meine flackernden Kerzen sind
Ganz vertropft und heruntergebrannt,
Kein Wein im Glase mehr,
Schatten in allen Ecken,
Deren lange Finger sich nach mir strecken.

Wie in der Kinderzeit
Schließ ich die Augen und atme schwer,
Angst hält mich kauernd im Stuhl gefangen.
Aber keine Mutter kommt mehr,
Keine gute, scheltende Magd mehr gegangen,
Die mich am Arm nimmt und mir die schreckliche Welt
Freundlich entzaubert und neu mit Trost erhellt.
Lange bleib ich im Finstern kauern,
Höre den Wind im Dach und den knisternden Tod
in den Mauern,
Höre Sand hinter Tapeten rinnen,
Höre den Tod mit frierenden Fingern spinnen,
Reiße die Augen auf, will ihn sehen und greifen,
Sehe ins Leere und höre ihn fern
Aus den spöttischen Lippen leise pfeifen,
Taste zum Bett – schliefe, schliefe so gern!

Aber Schlaf ist ein scheuer Vogel geworden,
Schwer zu fangen, zu halten, doch leicht zu morden;
Pfeifend fährt er, die Stimme voll bittrem Hohn,
Sausenden Fluges im zerrenden Winde davon.

VERZÜCKUNG

Biegt sich in berauschter Nacht
Mir entgegen Wald und Ferne,
Atm' ich Blau und kühle Sterne
Und der Träume wunde Pracht,
O dann liegt die trunkne Welt
Wie ein Weib an meinem Herzen,
Lodert in verzückten Schmerzen,
Deren Schrei betörend gellt.
Und aus fernsten Tiefen her
Tiergestöhn und Flügelschlagen,
Nachklang aus verschollnen Tagen
Grüner Jugendzeit am Meer,
Opferschrei und Menschenblut,
Feuertod und Klosterzelle,
Alles meines Blutes Welle,
Alles heilig, alles gut!
Nichts ist außen, nichts ist innen,
Nichts ist unten, nichts ist oben,
Alles Feste will zerrinnen,
Alle Grenzen sind zerstoben.
Sterne gehn in meiner Brust,
Seufzer gehn am Himmel unter,
Jedes Lebens Herz und Lust
Brennt entzückter, flackert bunter.

Jeder Rausch ist mir willkommen,
Offen steh ich jeder Pein,
Ströme betend, hingenommen
Mit ins Herz der Welt hinein.

HERBST

Ihr Vögel im Gesträuch,
Wie flattert euer Gesang
Den bräunenden Wald entlang –
Ihr Vögel, sputet euch!

Bald kommt der Wind der weht,
Bald kommt der Tod der mäht,
Bald kommt das graue Gespenst und lacht,
Daß uns das Herz erfriert
Und der Garten all seine Pracht
Und das Leben all seinen Glanz verliert.

Liebe Vögel im Laub,
Liebe Brüderlein,
Lasset uns singen und fröhlich sein,
Bald sind wir Staub.

ALLE TODE

Alle Tode bin ich schon gestorben,
Alle Tode will ich wieder sterben,
Sterben den hölzernen Tod im Baum,
Sterben den steinernen Tod im Berg,
Irdenen Tod im Sand,
Blätternen Tod im knisternden Sommergras
Und den armen blutigen Menschentod.

Blume will ich wieder geboren werden,
Baum und Gras will ich wieder geboren werden,
Fisch und Hirsch, Vogel und Schmetterling.
Und aus jeder Gestalt
Wird mich Sehnsucht reißen die Stufen
Zu den letzten Leiden,
Zu den Leiden des Menschen hinan.

O zitternd gespannter Bogen,
Wenn der Sehnsucht rasende Faust
Beide Pole des Lebens
Zueinander zu biegen verlangt!
Oft noch und oftmals wieder
Wirst du mich jagen von Tod zu Geburt
Der Gestaltungen schmerzvolle Bahn,
Der Gestaltungen herrliche Bahn.

HÄUSER, FELDER, GARTENZAUN

(Aus den Gedichten des Malers)

Liebe Häuser, lieber Gartenzaun,
Weiher, Feld und Wiese, Straßenschlange,
Gelber Hügel, Äcker rot und braun,
Fett erblühte Telegraphenstange,
Müßt auch ihr, ihr alle, einst vergehn,
Sterben, modern, faulen, schwinden,
Hingemäht, verblasen von den Winden,
Und die gute Sonne nimmer sehn?
Baum, du Freund, wirst denn auch du zu Staub,
Fensterladen grün und rote Dächer?
O so rauscht doch heut noch Halm und Laub,
Glüht noch heut der volle Liebesbecher!
Trinken will ich euch, geht in mich ein,
Gras und See und Palme will ich sein!
Warum bin ich so von euch geschieden?
Lügt ihr? Seid ihr selig? Habt ihr Frieden?
Bin nur ich allein vom Brand verzehrt,
Der so süß und heiß und schmerzend loht,
Der mir Taumel gibt und Frieden wehrt,
Leide ich allein an Zeit, an Angst, an Tod?!
O ihr schweigt, ihr mahnt mich ohne Wort:
Leide, male, dichte, lebe fort!
Trinke uns und laß uns trinken dich,
Ehe dir und uns der Tag verblich!

GESTUTZTE EICHE

Wie haben sie dich, Baum, verschnitten,
Wie stehst du fremd und sonderbar,
Wie hast du hundertmal gelitten,
Bis nur noch Trotz und Wille in dir war!

Ich bin wie du; mit dem verschnittnen,
Gequälten Leben brech ich nicht
Und tauche täglich aus durchlittnen
Roheiten neu die Stirn ans Licht.
Was in mir weich und zart gewesen,
Hat mir die Welt geknickt, verhöhnt,
Doch unzerstörbar ist mein Wesen,
Ich bin zufrieden, bin versöhnt.
Geduldig neue Blätter treib ich
Aus Ästen hundertmal zerspellt.
Und allem Weh zu Trotze bleib ich
Verliebt in diese tolle Welt.

SCHMERZEN

Im Kamin krümmt sich in Schmerzen das brennende Scheit,
Glutschrift läuft schaudernd ihm über die aschige Haut.
Draußen die Nacht stürmt feucht und leidet so laut,
Wie ein Tier in Qualen nach Tod und Erlösung schreit.

Ich inmitten kaure im flackernden Licht am Kamin,
Unertragbar scheint mein Geschick der zitternden Seele,
Über mein Herz läuft Schauer um Schauer hin,
Feuer des Leids, in dem ich brennend mich quäle.

Wie das flammende Scheit und wie die klagende Nacht
Gibt das Herz sich aufzuckend dem grimmigen Feinde hin,
Jenem Leide, in dem wir ergeben und machtlos glühn,
Das uns Flamme und Scheit, Sturm und Tierschrei zu
Brüdern macht.

ERWACHEN AUS DER VERZWEIFLUNG

Aus Leides Trunkenheit
Emporgetaumelt seh ich
Durch Tränen zitternd die erneute Welt.

Schon duftet Sommer an den Wäldern hin –
O Abende voll grünem Schmelz, Sternhimmel du,
Schon nah dem hohen Sommergewölb!

Freunde, lebt ihr noch? Wein, glühst du noch?
Bist du noch mein, verzauberte Welt,
Die ich durch Tränen nur und von ferne
Wandeln sehe, wo lang ich nur Leere sah?
Hebt noch einmal der alte Reigen an,
Zieht den Gestorbnen noch einmal der süße
Sommerzauber zurück?

Noch mißtraut dem Wunder die Seele,
Noch ist Sommer und Wald nicht wieder mein.
Aber heiliger glühn und klarer die Sterne,
Schweigend horch ich hinan: ihr Weltgeläut,
Das so lang mir geschwiegen,
Tönt mir ehern das Lied meines Schicksals,
Und mein Herz tönt zagenden Widerhall.

DER KRANKE

Wie Wind ist mein Leben verweht,
Ich liege allein und wache,
Im Fenster das Mondhorn steht,
Sieht zu, was ich mache.
Ich liege und friere lang,
Fühle den Tod im Zimmer –
Herz, wie schlägst du so bang,
Brennst du noch immer?

Leise fang ich zu singen an,
Singe leise von Mond und Wind,
Vom Hirsch und Schwan,
Von Maria und ihrem Kind,
Alle Lieder fallen mir ein,
Die man singen kann,
Stern und Mond kommt herein,
Wald und Reh ist bei mir innen.
Alle Schmerzen und Freuden rinnen
Hinter meinen geschlossenen Augen hin,
Sind nicht auseinander zu kennen,
Alle sind süß, alle brennen.
Ich weiß nicht, wo ich bin,
Frauen kommen mit Lippen bleich und rot,
Flackern vor Liebe wie bange Kerzen,

Eine von ihnen heißt Tod,
O wie saugt ihr glühender Blick mir am Herzen!
Götter tun ihre alten Augen auf,
Schließen ihre verborgenen Himmel auf,
Himmel zum Lachen und zum Weinen,
Drehen ihre Sterne im schnellsten Lauf,
Lassen alle Monde und Sonnen scheinen.

Leiser wird und verstummt mein Gesang,
Schlaf kommt aus Himmels Mitten
Die Welt der Götter entlang
Auf Sternenstraßen geschritten.
Sein Schritt ist wie auf Schnee …
Um was soll ich ihn bitten …?
Fort ist alles, was ich gelitten,
Nichts tut mehr weh.

HINGABE

Dunkle du, Urmutter aller Lust,
Die ich floh, die ich so oft verflucht,
Die mich dennoch immer hat gesucht,
Endlich werf ich mich an deine Brust!

Nimm mich hin, furchtbare Mutter Nacht,
Todeswollust ists, dich zu umarmen,
Heimlich aus dem heißen Abgrund lacht
Ahnung von Erlösung, von Erbarmen.
Tief in deinen schwarzen Augen brennt
Deiner düstern Liebe Glut so wehe,
Deiner Liebe, die mich ganz erkennt,
Deren Todesruf ich ganz verstehe.
Willig folg ich dir durch Blut und Angst,
Fühle, wie du mich zurückverlangst,
Um noch einmal mich dein Kind zu nennen,
Um in einem Kuß mich zu verbrennen.

DICHTERS ENDE

Spät noch sitz ich bei meinem Dichtertand
Am erlöschenden Licht in der Nacht,
Meine Verse zerbrechen mir in der Hand,
Hinter mir steht der Mann mit der Sense und lacht.

An der Kerze verbrenn ich beschriebnes Papier,
Drüben wartet mein Bett, aber ach, kein Schlaf:
Schlaf und Traum, ihr Tröster, wohin seid ihr
Mir entflohen, seit mich mein Schicksal traf!

Stirb, kleine flackernde Kerze, den zuckenden Tod,
Dem entgegen alles Erschaffene strebt!
Brennet, Verse! Wie seid ihr so schnell verloht!
O wie viel zu lange hab ich gelebt!

Lisch auch du jetzt und freu dich, rastloses Blut,
Sterben ist Wonne, ist Heimkehr aus Fremde und Qual.
Stiebe zum Himmel, Herz, deine trübe Glut,
Reiß dich lachend vom schäbigen Henkersmahl!

DIE UNSTERBLICHEN

Immer wieder aus der Erde Tälern
Dampft zu uns empor des Lebens Drang;
Wilde Not, berauschter Überschwang,
Blutiger Rauch von tausend Henkersmählern,
Krampf der Lust, Begierde ohne Ende,
Mörderhände, Wuchererhände, Beterhände,
Angst- und lustgepeitschter Menschenschwarm
Dunstet schwül und faulig, roh und warm,
Atmet Seligkeit und wilde Brünste,
Frißt sich selbst und speit sich wieder aus,
Brütet Kriege aus und holde Künste,
Schmückt mit Wahn das brennende Freudenhaus,
Schlingt und zehrt und hurt sich durch die grellen
Jahrmarktsfreuden ihrer Kinderwelt,
Hebt für jeden neu sich aus den Wellen,
Wie sie jedem einst zu Kot zerfällt.

Wir dagegen haben uns gefunden
In des Äthers sterndurchglänztem Eis,
Kennen keine Tage, keine Stunden,
Sind nicht Mann noch Weib, nicht jung noch Greis.
Eure Sünden sind und eure Ängste,
Euer Mord und eure geilen Wonnen
Schauspiel uns gleichwie die kreisenden Sonnen,
Jeder einzige Tag ist uns der längste.

Still zu eurem zuckenden Leben nickend,
Still in die sich drehenden Sterne blickend,
Atmen wir des Weltraums Winter ein,
Sind befreundet mit dem Himmelsdrachen;
Kühl und wandellos ist unser ewiges Sein,
Kühl und sternhell unser ewiges Lachen.

WELKENDE ROSEN

Möchten viele Seelen dies verstehen,
Möchten viele Liebende es lernen:
So melodisch flüsternd zu verhallen,
So im Taumel auseinander wehen,
So in rosiges Blätterspiel zerfallen,
Lächelnd sich vom Liebesmahl entfernen,
So den eigenen Tod als Fest begehen,
So gelöst dem Leiblichen entsinken
Und in einem Kuß den Tod zu trinken.

SCHMETTERLING

Flügelt ein kleiner blauer
Falter vom Wind geweht,
Ein perlmutterner Schauer,
Glitzert, flimmert, vergeht.

So mit Augenblicksblinken,
So im Vorüberwehn
Sah ich das Glück mir winken,
Glitzern, flimmern, vergehn.

SEPTEMBER

Der Garten trauert,
Kühl sinkt in die Blumen der Regen.
Der Sommer schauert
Still seinem Ende entgegen.

Golden tropft Blatt um Blatt
Nieder vom hohen Akazienbaum.
Sommer lächelt erstaunt und matt
In den sterbenden Gartentraum.

Lange noch bei den Rosen
Bleibt er stehen, sehnt sich nach Ruh.
Langsam tut er die großen
Müdgewordenen Augen zu.

ICH WEISS VON SOLCHEN …

In manchen Seelen wohnt so tief die Kindheit,
Daß sie den Zauber niemals ganz durchbrechen,
Sie leben hin in traumgefüllter Blindheit
Und lernen nie des Tages Sprache sprechen.

Weh ihnen, wenn ein Unheil sie erschreckt
Und plötzlich hell zur Wirklichkeit erweckt!
Aus Traum gescheucht und kindlichem Vertrauen
Starren sie hilflos in des Lebens Grauen.

Ich weiß von solchen, die der Krieg erst weckte,
Da sie des Lebens Mitte überschritten,
Und die seither am Leben wie erschreckte
Traumwandler zitternd und geängstet litten.

Es scheint: in diesen Hoffnungslosen sucht
Die Menschheit ihrer blutgetränkten Erden,
Sucht ihrer Grausamkeit und Seelenflucht
Erschauernd und beschämt bewußt zu werden.

DIE MORGENLANDFAHRT

Verloren in der Welt, vom Kreuzheer abgesprengt,
Irrt mancher Bruder in der dürren Wüste
Der Zeit und Zahl, geängstet, abgedrängt
Vom hohen Ziel, um das er stritt und büßte:
Doch ahnt er, während Wüstenbrand ihn sengt,
Stets seines Traumlands holde Palmenküste.

Ihn, den Verirrten, wird erbarmungslos
Der Städt' und Märkte Kindervolk verhöhnen,
Doch Memnon gleich, dem scheintoten Koloß,
Bringt jeder Strahl aus Morgen ihn zum Tönen.
Er lächelt, Don Quichotte, dem Zauberschloß
Der Ferne zu und seinen Feen, den schönen.

Und immer wieder zwischen Pöbelspott
Und Märtyrerblut hebt da und dort ein Knabe
Den Blick bezaubert auf zu Don Quichotte,
Beugt sich, legt das Gelübde ab vor Gott
Und folgt dem Pilgerzug zum Heiligen Grabe.

BESINNUNG

Göttlich ist und ewig der Geist.
Ihm entgegen, dessen wir Bild und Werkzeug sind,
Führt unser Weg; unsre innerste Sehnsucht ist:
Werden wie Er, leuchten in Seinem Licht.

Aber irden und sterblich sind wir geschaffen,
Träge lastet auf uns Kreaturen die Schwere.
Hold zwar und mütterlich warm umhegt uns Natur,
Säugt uns Erde, bettet uns Wiege und Grab;
Doch befriedet Natur uns nicht,
Ihren Mutterzauber durchstößt
Des unsterblichen Geistes Funke
Väterlich, macht zum Manne das Kind,
Löscht die Unschuld und weckt uns zu Kampf und Gewissen.

So zwischen Mutter und Vater,
So zwischen Leib und Geist
Zögert der Schöpfung gebrechlichstes Kind,
Zitternde Seele Mensch, des Leidens fähig
Wie kein andres Wesen, und fähig des Höchsten:
Gläubiger, hoffender Liebe.

Schwer ist sein Weg, Sünde und Tod seine Speise,
Oft verirrt er ins Finstre, oft wär ihm
Besser, niemals erschaffen zu sein.

Ewig aber strahlt über ihm seine Sehnsucht,
Seine Bestimmung: das Licht, der Geist.
Und wir fühlen: ihn, den Gefährdeten,
Liebt der Ewige mit besonderer Liebe.

Darum ist uns irrenden Brüdern
Liebe möglich noch in der Entzweiung,
Und nicht Richten und Haß,
Sondern geduldige Liebe,
Liebendes Dulden führt
Uns dem heiligen Ziele näher.

NACHWORT

Seit Bestehen der Insel-Bücherei, die der damalige Verleger Anton Kippenberg im Sommer 1912, auf Drängen Stefan Zweigs hin, entwickelt hat, sind in dieser bald schon außerordentlich populären und vielfach nachgeahmten bibliophilen Billigbuchreihe bis heute etwa 120 Gedichtbände erschienen. Von allen diesen Sammlungen klassischer und zeitgenössischer Lyrik von Walther von der Vogelweide über Schiller, Goethe, Novalis, Eichendorff, Storm, Mörike und Fontane bis hin zu Hofmannsthal, Brecht und Günter Eich ist, neben einer 1927 erschienenen Auswahl der Gedichte Rilkes, der sieben Jahre später vorgelegte Band »Vom Baum des Lebens« mit Gedichten von Hermann Hesse der erfolgreichste geblieben. Seit seinem Erscheinen im Juni 1934 erreichte er noch zu Lebzeiten des Dichters eine Auflage von mehr als zweihunderttausend Exemplaren und widerlegt somit alle Vorbehalte, die seiner Veröffentlichung lange Zeit im Wege gestanden hatten. »Die Vorgeschichte meines Inselbändchens war wunderlich«, berichtet Hesse, wenige Tage nachdem es erschienen war, einem Kollegen. »Seit etwa zwölf Jahren schrieb der Verlag mir des öfteren mit der immer wiederholten Bitte, ich möge ihm ein Bändchen in die kleine Bücherei geben. Gleich beim erstenmal dachte ich sofort: das wäre die geeignete Form für eine kleine, strenge Auswahl meiner Gedichte! Ich schrieb es dem Verlag, aber der verzog den Mund und meinte, mit Gedichten sei ihm nicht gedient, er wolle eine Erzählung haben. Ich lehnte ab, zweimal, dreimal, vielleicht noch öfter, und so wiederholte es sich beinah Jahr für Jahr, daß der Verlag in dieser Weise vorstellig wurde, und ich ihm schrieb, er kenne mein Anerbieten, ich sei zu einer Gedichtauswahl bereit, aber zu nichts anderem. Inzwischen hatte ich in all den Jahren die Auswahl so weit vorbereitet, daß ich schon daran dachte, sie anderswo herauszugeben: da schrieb mir der Insel Verlag nochmals und war jetzt plötzlich mit meinem Vorschlag einverstanden. Er bekam mein Manuskript, aber jetzt ging ein neues Mißgeschick los: der damalige literarische Berater des Verlages wollte meine in langen Jahren sorgfältig bedachte und hundertmal geprüfte Auswahl umwerfen und selber eine neue machen, bei der es ihm mehr auf Mannigfaltigkeit ankam, und nun stak die Sache wieder fest. Schließlich entzweite sich jener Berater mit dem Verlag wegen ganz anderer Dinge, trat aus, und nun endlich war die Bahn frei.«

Jener »Berater«, der darauf beharrt hatte, statt eines Gedichtbändchens von Hesse »ein vollwertiges Werk« in die Insel-Bücherei aufzunehmen, war Anton Kippenbergs langjähriger Mitarbeiter Fritz Adolf Hünich (1885-1964); er war der Redakteur dieser Buchreihe und hatte selber darin u. a. zwei Bände mit deutschen Volks- und Vaterlandsliedern herausgegeben. Im Dezember 1933 sah sich der Verlag nicht zuletzt aus politischen Gründen zur Trennung genötigt. Erst unter Hünichs Nachfolger Friedrich Michael kam das Projekt zügig voran, und fünf Wochen nach Auslieferung waren die zehntausend Exemplare der ersten Auflage vergriffen. »Für heute ist das viel«, schrieb Hesse 1934, denn diese Publikation, bemerkt er ironisch in einem Brief an Hans Sturzenegger, falle »ja nun in diesen schönen Augenblick, wo die Welt und Deutschland sich so innig und ausschließlich für Gedichte interessiert«. »Die meisten«, schreibt er dem Bildhauer Hermann Hubacher, »schwärmen ganz harmlos für ihre große Zeit und ihren herrlichen Führer und sind entsetzt, wenn sie sehen, daß auch der Dichter Hesse, für den sie ebenfalls schwärmen, die gehässige Meinung des ›Auslandes‹ über diese gefährlichen Dinge teilt.«

Speziell an die Adresse solcher Schwärmer hatte Hesse das Schlußgedicht gerichtet, ein Gedicht, dessen Veröffentlichung bereits mehrfach unterdrückt worden war, zuletzt von der Berliner »Vossischen Zeitung«. Die inzwischen mit der Kulturpolitik des Nationalsozialismus gleichgeschaltete Redaktion hatte ihm zu verstehen gegeben, daß er von nun an »bei ihr nichts mehr zu suchen habe«, weil der in diesen Versen »ausgesprochene Glaube genau das Gegenteil von der Blut- und Machtreligion ist, die heute regiert«, berichtet Hesse im Januar 1934 seinem Freund Arthur Stoll. In bewußter Distanzierung von der damals opportunen Gesinnung trägt das Gedicht die Überschrift »Besinnung« und zeigt, wie Hesse in einem nach Deutschland gerichteten Brief vom Mai 1934 schreibt, »eindeutig, daß ich an die Herkunft des Menschen aus dem Geist, nicht aus dem Blut glaube, und so kann ich als höchste und letzte Bestimmung des Menschen auch nicht sein Rotieren um den ›Stamm‹ erkennen, was eine natürlich-egoistische Angelegenheit des Materiellen und Tierischen ist, sondern sein ›Rotieren‹ um Gott, das einzige, was mir am Menschenleben beachtenswert und liebenswert erscheint. Denn im Tierischen ist der Mensch, eben weil er auch noch den Geist dazu mißbrauchen kann, sehr viel wilder und böser als jedes Tier.« Das war unmißverständlich und eine hellsichtige Aktualisierung von Mephistos Triumph in Goethes »Faust«: »Er nennt's Vernunft und braucht's allein / nur tierischer als jedes Tier zu sein.« Vorausblickend schließt Hesse jenen Brief: »Dem Wiederausbruch dieser Triebe, unter Vorantragung schöner (und wirklich geglaubter und verehrter) Ideale gehen wir entgegen ... aber ich möchte keinen Zweifel darüber lassen, daß diese Ideale, so aufrichtig die Jungen ihnen glauben mögen, mir keineswegs genügen. Sie genügen zum Kriegführen, zu sonst nichts.« Neben dem Gedicht »Die Morgenlandfahrt« von 1932 war »Besinnung« das einzige neue, das Hesse in diese Auswahl aufgenommen hat. Alle anderen Gedichte waren in früheren Jahren, seit 1897 entstanden. Und so ist wohl auch der Titel des Bändchens »Vom Baum des Lebens« zu verstehen, dessen 65 lyrische Blätter etwa den zehnten Teil dessen darstellen, was Hesse insgesamt in seine Gedichtbücher aufgenommen hat. Die meisten dieser Gedichte hatte er seiner letzten, 1929 erschienenen Gedichtsammlung »Trost der Nacht« entnommen. Diesen neueren Versen entsprechen fast ebenso viele Jugendgedichte aus den Bänden »Romantische Lieder« (1899) und »Gedichte« (1902). Neun weitere stammen aus den Sammlungen »Unterwegs« (1911) und ebenso viele aus »Musik des Einsamen« (1915). Dagegen paßten aus thematischen Zyklen wie den »Gedichten des Malers« (1920) und »Krisis« (1928) nur jeweils zwei in das Konzept dieser Auswahl, die Hesse als eine qualitative empfand, eingerichtet nach seinen eigenen Kriterien der Dauerhaftigkeit. Davon zeugt auch die Widmung, die er handschriftlich in eines der ersten Exemplare notierte:

»Viele Verse hab ich geschrieben,
Wenig sind übrig geblieben,
Sind noch immer mein Spiel und Traum.
Herbstwind schüttelt die Äste,
Farbig zum Erntefeste
Wehen die Blätter vom Lebensbaum.«

»Vom Baum des Lebens / fällt mir Blatt um Blatt« lauten auch die Anfangszeilen des im Februar 1919 entstandenen Gedichtes »Vergänglichkeit«.

Dieses Leitmotiv durchzieht wie ein schwermütiger Grundakkord fast alle Gedichte dieser Sammlung, eine Melancholie, die zum euphorischen Selbstbewußtsein des damaligen Deutschland merkwürdig kontrastiert haben muß. Trotzdem, oder gerade deshalb, blieb dieser Band bis zum Ende des Zweiten Weltkriegs von den wenigen noch erhältlichen Büchern Hesses das am häufigsten verlangte. Noch 1942 wurde eine Feldpostausgabe von zwanzigtausend Exemplaren bewilligt. Es ist zu vermuten, daß das 1933 unterdrückte Gedicht »Besinnung« neun Jahre später, in der Hitze der beginnenden Rückzugsgefechte, den Zensurbehörden der deutschen Wehrmacht entgangen sein muß.

Durch Hunderte von Briefen aus Deutschland und von allen Fronten erfuhr Hesse von der Wirkung, die dieser Band ausübte. Sein Mißtrauen bei der Lektüre solcher Bekenntnisse war evident. So reagierte er im Februar 1944 auf den Bericht über einen Offizier, »der bei der Nachtübung meine Verse spricht. Aber es gab auch Offiziere genug, die nach dem Erschießen von 10 oder 100 Geiseln oder dem Niederbrennen eines Dorfes sich die Hände wuschen, sich hinlegten und noch eine Stunde Rilke oder Goethe lasen. Mir wäre ein einziger lieber, der keinen Rilke noch Hesse liest, aber seinen Soldaten, statt auf Russen und Juden, auf die eigenen Führer zu schießen beibrächte … Ach, man glaubt an nichts in Deutschland als an das Janusgesicht, an den ›Faustischen‹, der heut Dörfer verbrennt und morgen wunderbar Mozart spielt.«

Daß zwei Drittel der Gesamtauflage dieses Bandes erst nach dem Krieg erschienen sind, darf wohl auch als ein Zeichen für die zeitlose Gültigkeit seiner Inhalte verstanden werden. Die volksliedhafte Musikalität dieser Verse hat zu Hunderten von Vertonungen inspiriert. Denn wie in der Prosa versteht es Hesse auch in seiner Lyrik, innovative Inhalte durch traditionelle Ausdrucksformen zu vermitteln. Dabei glückt es ihm, diesen Widerspruch durch ideale, also poetische Lösungen aufzuheben. Ein weiteres Geheimnis der Wirksamkeit dieser Gedichte mag in der Intensität des Erlebens liegen, ohne die das Komplizierte nicht einfach, das Ungereimte nicht gereimt werden kann.

Volker Michels

INHALT

Abends 48
Allein 30
Alle Tode 62
An die Freunde in schwerer Zeit 54
Angst in der Nacht 57
Auf Wanderung 31
Beides gilt mir einerlei 40
Beim Wiederlesen des Maler Nolten 38
Bekenntnis 52
Besinnung 78
Blume, Baum, Vogel 55
Chioggia 11
Das Ziel 26
Der Blütenzweig 39
Der Kranke 67
Der Künstler 36
Der Wanderer an den Tod 50
Dichters Ende 70
Die ersten Blumen 34
Die Kindheit 45
Die Morgenlandfahrt 77
Die Stunde 19
Die Unsterblichen 71
Die Welt unser Traum 56
Die Zypressen von San Clemente 12

Einsame Nacht 17
Elisabeth 13
Elisabeth 14
Erwachen aus der Verzweiflung 66
Friede 46
Frühlingstag 41
Gestutzte Eiche 64
Glück 24
Gute Stunde 44
Häuser, Felder, Gartenzaun 63
Herbst 61
Hingabe 69
Ich weiß von solchen 76
Im Nebel 21
In einer Sammlung ägyptischer Bildwerke 42
Jugendflucht 16
Jugendgarten 35
Julikinder 18
Landstreicherherberge 7
Manchmal 22
Mittag im September 33
Nacht 27
Nachtgefühl 47
Nachts auf hoher See 37
Ravenna 10
Schicksal 32
Schmerzen 65

Schmetterling 74
September 75
Sommernacht 29
Spät auf der Straße 15
Spruch 25
Über die Felder 9
Vergänglichkeit 51
Verwölkte Nacht 23
Verzückung 59
Weg nach innen 53
Welkende Rosen 73
Windiger Tag im Juni 28
Zunachten 20

Nachwort 81

 Erstmals 1934 als Insel-Bücherei Nr. 454 erschienen, ab 1987 erweitert um das Frontispiz und das Nachwort von Volker Michels. Foto Frontispiz: Gret Widmann. Bezugspapier: Aquarell von Hermann Hesse vom 31.7.1922. Gesetzt in der Schrift Adobe Garamond Pro. Gedruckt auf holzfreies, alterungsbeständiges Werkdruckpapier der Firma LENK Paper Schleipen GmbH, Bad Dürkheim, von der Memminger MedienCentrum AG, Memmingen. Gebunden in Fadenheftung von der Josef Spinner Großbuchbinderei GmbH, Ottersweier. Printed in Germany. Erste Auflage 2022.
ISBN 978-3-458-19515-3.

Insel Verlag Anton Kippenberg GmbH & Co. KG
Torstraße 44, 10119 Berlin. info@insel-verlag.de
www.insel-verlag.de